다만,
뿌리째
흔들리지는
마라

다만, 뿌리째 흔들리지는 마라

초판 1쇄 발행 2023년 4월 1일

지은이 오수아
펴낸이 장길수
펴낸곳 지식과감성#
출판등록 제2012-000081호

교정 문의태
디자인 정한나
편집 정한나
검수 한장희, 이현
마케팅 정연우

주소 서울시 금천구 벚꽃로298 대륭포스트타워6차 1212호
전화 070-4651-3730~4
팩스 070-4325-7006
이메일 ksbookup@naver.com
홈페이지 www.knsbookup.com

ISBN 979-11-392-1006-4(03810)
값 12,000원

- 이 책의 판권은 지은이에게 있습니다.
- 이 책 내용의 전부 또는 일부를 재사용하려면 반드시 지은이의 서면 동의를 받아야 합니다.
- 잘못된 책은 구입하신 곳에서 바꾸어 드립니다.

지식과감성#
홈페이지 바로가기

다만,
뿌리째
흔들리지는
마라

오수아 시집

목차

추천사   6
응원과 지지의 글   7

3월의 첫날   10
우울한 날에는   11
직면   12
휴식 1   13
휴식 2   14
결핍   15
약속   16
비움   17
기쁨   18
바람 1   19
그릇   20
수용   21
반성   22
환경   23
바람 2   24
인생 1   25
달개비 꽃 1   26
달개비 꽃 2   27
성장   28
명상   29
불행한 사람   30
선물 1   31
낙조   32
존경   33
아침 1   34
아침 2   35
떨림   36

배움   37
엄마 1   38
그대 마음에 엉겅퀴가 피었다면   39
고독   40
글자   41
인생 2   42
나무   43
후회 1   44
엄마 2   45
책장   46
비교   47
가을 1   48
산이 주는 지혜 1   49
위로   50
기회   51
사랑 1   52
사랑 2   53
사랑 3   54
민들레   55
가을 2   56
편견   57
인생 3   58
내려놓자   59
삶의 온도   60
엄마의 삶   61
낙엽   62
35년 지기 우정   63
감   64
선물 2   65
선물 3   66

내가 꿈꾸는 도서관　67
내 방　68
이웃사촌　70
긍정　71
추락　72
파도　73
자유　74
글감　76
상처　77
대화　78
소나무 1　79
시간　80
자연　81
정리　82
아들에게　83
소나무 2　84
그런 날이 있다　85
인생 4　86
인생 5　87
내 인생이니까　88
감정　89
그리운 아버지　90
후회 2　92
심리적 거리　93
변화 1　94
변화 2　95
다짐　96
미숙未熟　97
편향　98
고요　99

연결　100
필사　101
공부　102
바람 3　103
내 꿈　104
시간 예찬　105
논쟁　106
자연　107
인생 6　108
산이 주는 지혜 2　109
설움　110
벚꽃 1　111
진달래　112
다만, 뿌리째 흔들리지는 마라　113
향기　114
벚꽃 2　115
민들레 홀씨처럼　116
초감정　117
파도　118
할미꽃　119
바위　120
다 용서할 필요 없다　121
친정엄마　122
빚지지 말아야 할 말　123
공존　124
나는 어떤 사람일까?　126
알아차림　127
시詩를 쓰는 일　128

에필로그　129

추천사

...

기다림이란, 어떤 사람이나 때가 오기를 간절히 바란다는 뜻이다.

오수아 시인의 첫 시집 이후 두 번째 시집을 기다렸다. 마음이 아픈 이들이 생각보다 많은 현실이기에 그랬고, 첫 번째 시집이 그들에게 위로의 토닥임이 되었다는 사실을 알기에 더욱 기대되는 기다림의 시간이었다.

오수아 시인의 시를 읽어 가다 보면 시어들이 내 귀에 속삭인다.

'잠시 쉬어 가도 돼. 천천히, 천천히.'

미리 받아 본 원고의 글들 속을 이리저리 산책하며 시어들과 시선을 마주할 때마다 전율 같은 게 온몸을 훑고 지나갔다. 그저 '좋다'라는 느낌을 넘어서는 특별한 감정과 평안함이었다.

시어들을 직선으로 툭툭 던지는 듯하나, 이상하게 곡선으로 부드럽게 읽혔다. 넘겨지는 페이지마다 시어들은 그렇게 온기를 품고 기다렸고, 햇살 한 줌의 여유를 나누어 주었고, 아침의 신선함을 그대로 전해 주었다.

이재연, 고려대학교 대학원 교수

응원과 지지의 글

...

힘겹게 오른 산 정상, 그 자리에 철퍼덕 주저앉아 두어 시간쯤 시인의 위로를 받고 내려오는 기분이다. 그 마음 안다고. 나도 그렇다고, 괜찮다고. 다시 내려올 땐 곧 풀릴 듯 후들거리던 두 다리에 다시 힘이 실릴 것이다. 시인 오수아, 그림책 친구 오수아가 부르는 삶의 노래를 함께 흥얼거리며.

최진희, 그림책 휴센터장,
『하루 10분의 질문, 그림책의 기적』 저자, 전 방송작가

ESFJ의 장점은 공감과 따뜻함이다. 오수아 시인의 글에서 ESFJ의 그러한 삶이 고스란히 느껴진다. 민감한 공감 능력으로 인해 더 슬펐고 더 아팠으리라. 그럴수록 시를 읽고 필사를 하며 밝은 곳으로 나아간 시인의 회복 탄력성에 박수를 보낸다. 실제로도 오수아 소장은 회복 탄력성이 굉장히 높은 분이다. 옆에서 지켜보면 늘 대단하다는 감탄과 지지를 보내게 된다.

최영임, 국제사이버대학교 심리상담학과 특임교수

나의 삼십오 년 지기 친구, 오수아.
늘 예쁜 말과 아름다운 표현만 가득하던 나의 친구, 오수아.
파란색과 보라색을 섞어 놓은 듯 오묘한 색의 달개비 꽃을 '시퍼런 응어리' '퍼런 멍'으로 표현한 친구는 참 많이 아프고, 힘들었나 봅니다.

앞만 보고 열심히 살아온 이즈음의 모든 엄마들, 그리고 모든 여자들은 이런 호된 아픔쯤 한 번씩 앓는 거지요. 그러면서 한층 더 아름다워지는 거겠지요. 나의 친구, 오수아처럼.

싱그러운 어느 봄날, 그녀가 그토록 좋아하는 프리지아 한 다발 들고 그녀를 응원하러 가렵니다. 그리고 오롯이 가족을 위해 헌신해 온 이 땅의 모든 '엄마'들을 응원합니다.

이상분, 대구 청소년쉼터 센터장

오수아의 시인의 시는 빨강 머리 앤을 떠올리게 한다. 실제로도 빨강 머리 앤을 닮은 사람이기도 하다.

'빨강 머리 앤'이 학교를 빼먹고 숲속 자신만의 아지트에 들어가 노는 역할 놀이. 그 대상들에 하는 말들은 모두 그녀가 듣고 싶은 말들이다. 외로움의 벼랑에서 자신을 지탱해 주는 위로!!

모르는 사람들이 보면 하찮고 우스워서 얘깃거리도 되지 않는 말들을 앤은 온종일 시간 가는 줄 모르고 주고받는다. 그런 시인의 시들을 따라가다 보면 돌부리 같은 말에 마음이 덜컹했다.

'정말 힘들었겠구나!'

견뎌 낸 시간에 비하면 지금 그녀는, 겨우 숨을 참으며 지나온 겨울 막바지에 도달해서 한숨 돌리는 것 같다. 왜 그런 때 있지 않은가, 돌아보면 지금이 기적 같다는 생각이 들 때가. 그러함에도 불구하고 그녀의 시에는 시원함이 있다. 시를 읽는 내내 그녀의 물방울 같은 웃음소리가 들렸다.

김영돈, 「바람이 언제나 그대 등 뒤에서 불기를」 저자

3월의 첫날

봄을 등에 업은 햇살의 시선도
봄을 기다린 새들의 날갯짓도
봄을 따라 흐르는 바다도
살짝 고무된 온도로 생명을 노래하는데

지난 겨울
너와 나의 다이어리에
그 어느 때보다 깊게 땅을 파고
꾹꾹 눌러 심었던 약속들

올봄에는 몇 톨의 씨앗이
기지개를 켜며
짙은 초록으로 봄을 노래할까
짙은 초록으로 희망을 노래할까

우울한 날에는

나가라
밖으로 나가라

생이 우울할수록
밝은 곳으로 가
걷고 또 걸어라

고운 꽃들을 보며
자연과 함께 걸어라

그리고
시를 읽어라
소리 내어 읽어라

햇살 같은 노트에
꽃잎 같은 필체로
음독하며 필사를 하라

직면

가고 싶은 길, 가기 싫은 길
원하는 문, 원치 않는 문
어디로 갈까, 어떤 문을 열까

한 치의 망설임 없이
가고 싶은 길을 가라
원하는 문을 열어라

그러나
가기 싫은 길, 원치 않는 문도
걷고 열어야만 한다

옴짝달싹할 수 없는 길도
들여다보기 무서운 방도
맞닥뜨려야 한다

가고 싶은 길을 걷기 위해서
원하는 문을 열기 위해서

휴식 1

강물과 하늘이 맞닿은 곳
그 위에 너를 뉘고
부채를 펼친다
초록빛 바람 같은

쉼 없이 걸어온 너
휴식이 필요한 너
흔들흔들 그네를 태운다
잔잔한 물그네를

눈을 감으렴

목화처럼 부드러운 강물 위에
몸을 맡기고

휴식 2

오늘 하루
나뭇잎이고 싶다

5월에서 막 건너와
아직은 봄 내음 묻은 바람
잘랑잘랑 부채 같은 바람

그 바람에
나를 맡기고 싶다

다만,
뿌리째
흔들리지는
마라

결핍

99.9도
왜 이리 뜨겁지
너무 높아

열정의 온도
꿈의 온도
왜 이렇게 높을까

명상을 하며
산을 오르며
해변가를 달리며 물었어

답을 들었지
구겨진 신문지처럼
잔뜩 움츠린 소녀에게서

"여자는 남자 잘 만나 시집 잘 가면 돼
공부 많이 할 필요 없어."

가슴을 너무 시리게 한대
이 말이 아직도

친정엄마는 용서했지만
이 말은 너무 시리대
칼날 같은 한겨울 바람처럼

약속

99.9도
왜 이리 뜨겁지
너무 높아

열정의 온도
꿈의 온도
왜 이렇게 높을까

명상을 하며
산을 오르며
해변가를 달리며 물었어

소녀가 말했지
닳고 닳은 구두 뒷굽처럼
색 바랜 약속을 꺼내 보이며

"걱정 마, 내 힘으로 공부해서 하고 싶은 거 할게."

가슴을 너무 아리게 한대
이 말이 아직도

아빠와의 약속을 지키지 못해서
이 말이 너무 아리대
이루지 못한 꿈처럼

비움

'이게 무슨 냄새지?'

베란다를 지나는데
썩은 내가 진동을 한다

'아차! 작년에 구입한 고구마 박스'

지날 때마다
버려야지 버려야지
생각만 하고 있다가
썩은 줄 뻔히 알면서도
외면만 하고 있다가

먹을 수 없다는 걸 알면
건강에 해롭다는 걸 알면
바로바로 버려야 하는 걸

내 안에 든 상한 고구마도
바로바로 버려야 하는 걸
썩은 내 진동하기 전에

기쁨

새내기처럼 풋풋한 공기와 바람
매미 노랫소리 가득한 이른 새벽

하늘 아래 첫 샘물 품고
밤새 살포시 내려앉은 이슬

새색시 같은 이슬이 놀랄까
조심스레 8월을 딴다

연둣빛과 노오란 빛의 조화
갓난아기 피부 같은
호박꽃과 호박잎

새내기처럼 풋풋한 공기와 바람
매미 노랫소리 가득한 이른 새벽

8월을 딴다
내 좋은 사람들에게 맛보일
기쁨을 딴다

다만,
뿌리째
흔들리지는
마라

바람 1

눈을 감는다
우리 엄마 가슴처럼 보드랍게 뺨을 부비며
네가 내게로 올 때는

귀를 깨운다
첫사랑처럼 머리칼을 어루만지며
네가 내게로 올 때는

손을 뻗는다
실크처럼 스르르 내 몸을 감싸며
네가 내게로 올 때는

입술을 달짝인다
솜사탕 같은 달큰한 향 풍기며
네가 내게로 올 때는

숨을 한껏 들이마신다
풀잎 같은 5월의 신선함을 몰고
네가 내게로 올 때는

그릇

어떤 마음으로 빚었을까
가만히 느껴 본다

다지고 또 다졌을 흙
돌리고 또 돌렸을 물레

굽고 색을 입히고
바르고 또 발랐을 유약

다시 또 가마 안으로 밀어 넣으며
기도했을 그 마음

그냥 그릇이 아닌 게야
한 사람의 숨결이 담긴 게야

수용

바람이 분다

그 바람 따라
나뭇가지들이 휘어지고
풀들이 눕는다

바람이 분다

그 바람 따라
나도 휘어지고
내 마음도 눕는다

반성

산산조각 났다
유리잔 하나가

애지중지
닳을까 아까워 만지지도
맘껏 쓰지도 못했고
바라보던 날이 더 많았던

유리잔 하나가
산산조각 났다

환경

'묻히지 마라.'

너를 진흙 옆에 두고
이렇게 말했다.

'물들지 마라.'

너를 시커먼 먹물 곁에 두고
이렇게 말했다.

'연꽃처럼 살아라.'

나도 연꽃이 아니면서
이렇게 말했다.

바람 2

눈을 감는다
네가 오는 소리에

세포들도 숨을 죽이고
오롯이 너를 맞는다

머리카락을 어루만지며
목을 타고 내려가
가슴에 연둣빛 물감을 풀어놓고

다시 목을 타고 올라가
두 볼을 감싸는
보드라운 너의 손길

눈을 감는다
꽃잎처럼 네가 올 때는

인생 1

누군가는 설렘이 가득 차
기쁨을 눌러야 하는 날

누군가는 화가 치밀어
노여움을 눌러야 하는 날

누군가는 가슴이 아려
슬픔을 눌러야 하는 날

누군가는 웃음이 멈추질 않아
즐거움을 눌러야 하는 날

내일이 되면
누군가와 누군가의 감정이
서로 뒤바뀌는 것

달개비 꽃 1

누가 알까?
아름다움 속에 감춰진 사연을

감히 짐작이나 할까?
쓰리고 아렸던 긴 시간을

짓무른 눈
새카맣게 타 버린 속

야생화로 승화시킨
살아생전 시퍼런 응어리

달개비 꽃 2

누구를 기다리길래
사슴처럼 목을 길게 빼고
앞만 바라보고 있을까

무슨 그리움이 사무쳤길래
새벽까지 잠 못 들어
이슬 풀이라 불렸을까

무슨 한이 맺혔길래
가슴을 삭이다 삭이다
저리 퍼렇게 멍들었을까

기다림에 지쳐 녹아 버린 애간장
끝내 쓰러져 퍼런 속을 보이는
슬픈 꽃잎 두 장

성장

바라는 것을 얻기 위해
한길로 갔다
묵묵히
바보스러울 정도로

간절한 바람이
끝내 무너졌다 절망할 때
깨달았다

유일한 그 길이
하나밖에 없다 생각했던 그 길이
여러 갈래였다는 것을

그리고 또 깨달았다
간절함은 무너진 것이 아니라
새로운 길을 열었다는 것을

명상

입을 닫고
가슴을 연다

눈을 닫고
귀를 연다

가장 밑바닥에 숨죽이고 있는
고요의 강물

깊이를 잴 수 없는
침묵의 강 위에

종이배 하나 띄운다

불행한 사람

세상에서 가장 안타까운 사람은
넘어졌을 때 내미는 손이 없는 사람이다

세상에서 가장 서러운 사람은
아플 때 혼자인 사람이다

세상에서 가장 힘든 사람은
기대어 울 곳이 없는 사람이다

세상에서 가장 불행한 사람은
책을 읽지 않는 사람이다

이보다 더 불행한 사람은
책을 읽어야 하는 까닭을 모르는 사람이다

선물 1

'어떤 것이 좋을까
의미 있는 것을 주고 싶어'

'무엇이 좋을까
마음에 쏙 드는 것을 주고 싶어'

고민의 징검다리를 오가며
반짝이는 조약돌을 찾고 또 찾았겠지

비단처럼 고운 결
그 마음이 내게로 와

가슴을 빨간 홍시로 물들이는
선물

낙조

주어진 시간
열렬히 불태우고

후회 없이 돌아가는 뒷모습
그 황홀한 빛

한 폭의 그림 같은 네가
내 눈 속으로 걸어온다

아!
아름다움이란 이런 것이구나!

존경

도대체 왜 이러십니까
화가 납니다

마구 퍼 주시는 학문^{學問}
장대비처럼 쏟아지는 진리^{眞理}
담을 그릇이 부족해
제 자신이 미워집니다

어디서 어떻게 제게로 오신 겁니까
눈물이 납니다

건네는 말씀마다 고명처럼 얹힌 진심^{眞心}
모자라고 미숙한 제자들을 향한 존중^{尊重}

교수님께 배운 지식의 그릇
교수님께 얻은 지혜의 그릇

점점 커지는 그릇에
제 자신이 벅차오릅니다

아침 1

"아침아, 안녕!"

어제도 만났고
그제도 만났었고
매일매일 만나는데
처음 만난 것처럼 설레는 너

"아침아, 안녕!"

아침 2

나에게 너의 입술이 닿아
나에게 너의 가슴이 닿아
나에게 너의 손길이 닿아

첫사랑처럼
몽글몽글 일렁이는 세포들

떨림

푸른 바다 위
쏟아지는 금빛 햇살

악보 속 음표들이 갈매기 따라 날고
바람의 머릿결도 하늘거린다

나직이 일렁이는 파도
그 위에 몸을 맡긴 가을볕

모네의 색채처럼 아름다운 풍경에
파도치는 심장

배움

너로 인해
순간순간 흔들리는 가슴

만날 때마다 향기롭고
어릴 적 맛본 조청처럼 감질나

종종
잠을 이룰 수 없이 흥분되기도 하고

네 곁에 있으면
100m를 달려온 듯 심장은 마구 뛰어

새벽마다
기쁨으로 벌떡 일으키게 하는 너의 힘

엄마 1

'엄마'

여자의 또 다른 이름

피를 멎게 하기 위해
돌 위에 짓이겨지는 쑥처럼
쓰라린 이름

'엄마'

여자의 또 다른 이름

척박한 땅 어디에서도
기어이 피고야 마는 쑥처럼
강인한 이름

그대 마음에 엉겅퀴가 피었다면

그대 마음에 엉겅퀴가 피었는가

벌과 나비들이

자유로이 드나들 수 있는 길목

응달도 습지도 아닌

햇살이 환히 미소를 띠는 곳

그 자리를 떡하니 차지하고 앉아

지나는 사람들 마음까지

여우처럼 홀리고

넋을 잃게 만드는 가시나물

유성처럼 신비한 색감은

유혹의 빛

톱니처럼 파인 잎은

스스로를 찌르는 송곳

뽑아 버려라

미련 없이

그대 마음에 엉겅퀴가 피었다면

고독

혼자 걷는다고 아픈 것이 아니다
혼자 걷는다고 외로운 것이 아니다

혼자 걷는다는 것은
오랫동안 묻어 두었던 생채기를 꺼내는 일이다
오랫동안 곪았던 상처를 치유하는 일이다
앞으로 나아가는 씨앗을 뿌리는 일이다

혼자 걷는다는 것은
성찰과 성장의 시간이다

글자

몰랐어
너의 사랑을

멀리 떨어져 있는 시간
눈길조차 주지 않았던 시간
몸과 마음이 너를 완전히 밀어낸 시간에도
변함없이 나를 응시하고 있었다는 것을

전혀 몰랐어
한결같이 나를 기다려 주고 있었다는 것을!

인생 2

느닷없는 소나기가 쏟아져
온몸을 적실 때는
그와 함께 흐르는 강물이 되고

모진 바람이 달려들지만
들판에 홀로 선 갈대일 때는
그의 피리가 되어 함께 울고

거센 눈보라가 몰려와
한 치 앞을 바라볼 수 없을 때는
잠시 허공을 흩날리는 눈송이가 될 일이다

나무

나무는
바람을 좋아한다
제 몸을 부여잡고
허리가 휘도록 흔들어 대도

나무는
바람을 사랑한다
애써 키운 나뭇잎을 빼앗아 가고
나뭇가지마저 잘라 버려도

나무는 알기 때문이다
바람이 흔들어 대는 이유를

후회 1

'~했더라면!'

'너무 늦었어.'

일어나지도 않은 일로
더 중요한 현실을 갉아먹는
후회

실현되지 못한 삶을 붙잡고
아쉬움의 목록들을 펼치고 또 펼치는
후회

단 하나의 삶
진짜 자기 삶도 못 사는 사람들

엄마 2

연인 사이
부부 사이
어떤 관계든
더 많이 좋아하는 쪽이 져 준다
더 많이 사랑하는 쪽이 져 준다

자식과의 사이에서는
엄마가 그렇다

책장

연구실 문을 열 때마다
세포들이 곤두섰다

12쌍의 시신경들은
먹이를 찾아 몰려드는 잉어 떼처럼
한곳으로 몰렸고
말초신경들은 근질거렸다

네가 있는 곳
네가 말없이 벽에 기대어 선
그곳을 향해

가파른 내리막길을 내닫는 자전거처럼
습관은 그렇게 내달렸다
너의 곁으로

비고

다 가진 것 같은 사람도
마음을 살짝 튕겨 보면
바이올린이 토해 내는 선율처럼
슬픈 소리가 난다

아무 일 없어 보여도
아픈 소리를 품고 있다
괜찮아 보여도 견디는 중이다
누구나 그렇다

가을 1

너의 손짓에
나른한 오후를 깨워 걷는다

너와 함께 눈을 맞추고
너와 함께 걸음을 맞추면

눈이 닿는 곳마다
너의 눈부심은 사진처럼 각인되어
후두엽으로 자리를 잡고

발길이 닿는 곳마다
너의 이야기는 청신경을 타고
바스락거린다

딱 십 분 정도
너의 손을 잡고 걸었을 뿐인데
어느새 오감 위에 내려앉아

세포 구석구석 수채화로 물들이는
너의 마법!

산이 주는 지혜 1

산을 오를 때는
멀리 보고 걷지 않는다
위를 보고도 걷지 않는다
발아래를 보고 걷는다

바위에 걸려 넘어지는 것이 아니라
돌부리에 걸리고
나무뿌리에 걸려 넘어지기 때문이다

인생도 마찬가지다
큰일이 아니라 사소한 일에 넘어진다
생각보다 상처도 깊다

위로

물줄기도 처음이 있는 것처럼
너의 상처도 처음이 있었을 거야

홀로 견디고 있을 그 상처를 따라가 봐
그리고 아무 말도 하지 마
그냥 곁에 있어 줘

무슨 말을 해 주고 싶다면
이 한마디면 충분해

'정말 힘들었겠구나'

물줄기처럼 설움이 멈추지 않는다면
그냥 안아 줘
그러면 돼

기회

상처받았다는 것은
용서할 기회가 주어진 것이다

화가 난다는 것은
감정을 돌아볼 기회가 주어진 것이다

비참하다는 것은
자존감을 회복할 기회가 주어진 것이다

두렵다는 것은
용기를 직면할 기회가 주어진 것이다

사랑 1

세상 모든 부모들은 사랑한다
그 무엇으로도 대체할 수 없는
목숨줄 같은 내 새끼

그러나 사랑법은 다르다

우물 안처럼
내 눈에만 예쁜 새끼로 키우는 사랑
꽃병에 꽂힌 꽃 같은 사랑

우물 바깥처럼
다른 사람 눈에도 예쁜 새끼로 키우는 사랑
화단에 핀 꽃 같은 사랑

사랑 2

사랑은 어떤 모양일까

사랑하면 하트가 떠오르잖아
그러니까 하트 모양이지

여러 가지 모양이 아닐까
사람마다 생각하는 사랑이 다르니까

아니야 동그라미일 거야
뾰족뾰족한 마음도 사랑을 받으면
동글동글 부드러워지니까

사랑 3

사랑이 뭐라고 생각해

힘들 때 안아 주는 것
속상해서 울 때 눈물 닦아 주는 것
피곤해서 잘 때 방문을 닫아 주는 것
실수했을 때 그럴 수 있다고 해 주는 것
고마울 때 최고라고 말해 주는 것

맞아
사랑은 이렇게 아주 작은 거야
예쁜 말과 소소한 관심이야

그리고 내가 아니라
상대방이 듣고 싶은 말
상대방이 원하는 것을 주는 게 사랑이야

민들레

세상이 아무리 넓다 해도
내 자리가 없다면 얼마나 서러울까
참 다행이야
조용한 소나무 아래
내 자리가 있어서

사람이 아무리 많다 해도
친구가 없다면 얼마나 외로울까
참 다행이야
바람, 새, 햇볕, 비
친구들이 있어서

노란 꽃을 피우고
멀리멀리 씨앗을 날리는 일
꽃으로 해야 할 일
내 자리에서
당연한 것을 해냈을 뿐인데

'너 참 예쁘구나!'

친구들이 찾아와 속삭여 주니
나는 행복한 민들레

가을 2

너와 함께한 약 90일

한 장, 두 장
시집을 넘길 때 손끝에 닿는 촉감
코끝을 감싸는 종이 냄새
눈동자를 따라 걷는 글자들
그리고 미주 신경을 따라 서서히
심장을 파고드는 의미처럼
한 편의 시였다 너는

자연이 쓴 아름다운 시였다

편견

너의 계절은 봄이지

3월이면 발그레한 입술을 내밀고
4월이면 세상을 향해 환하게 웃지

계절의 시작을 알리는 일
봄을 알리는 일
그게 너야

그래, 나는 철쭉이야
보통 봄이면 세상으로 나가지

그런데 나는 아니야
친구들과 달라

나의 시작은 11월이야
나의 계절, 나의 봄이지
이게 나야

인생 3

실패 없이 살고 싶다
좌절 없이 살고 싶다
걱정 없이 살고 싶다
스트레스 없이 살고 싶다

그래, 그렇게 살면 좋겠어
한 번쯤은 생각할 거야
누구나

하지만 하루하루가 봄날이라고 생각해 봐
꽃길만 걷는다고 생각해 봐
얼마나 지루할까
매일 같은 날, 같은 모습

따듯한 햇살도 쬐고
푹푹 찌는 더위도 참아 내고
시원한 바람도 쐬고
살을 에는 찬바람도 이겨 내고

봄, 여름, 가을 그리고 겨울
그들이 존재하는 이유를 알아 가는 일
그 속에서 나의 씨앗을 찾아 심고 가꾸는 일
그게 진짜 인생이지

내려놓자

낙엽이 운다
마지막 계절의 바람 위에
바쁘게 살아온 시간들을 올려놓고 운다

한 해, 열심히 살았구나
그만큼 힘들었구나
제 역할 해내느라
제자리 지키느라 아팠구나
그 아픔 견뎌 내느라
아픈 줄도 몰랐구나
긴장이 풀리니
이제서야 아픔을 느끼는구나

애썼다 애썼다
쉼 위에 너를 그만 내려놓자

삶의 온도

두 손을 겨드랑이에 끼고
잔뜩 움츠리며 걷는 삶

두 손을 호주머니에 넣고
구부정하게 걷는 삶

내가 만드는 마음의 한파
내가 불러온 영하의 온도

엄마의 삶

행여 다칠세라
온몸에 가시를 달고
그 누구도 함부로 다가설 수 없게 했지

세상천지 목숨줄 내어 줄 수 있는
단 하나
피 같은 내 새끼

홀로 떨어
제 갈 길 가기 전까지
금이야 옥이야
허리 휘는 줄 몰랐지

그렇게 키운
알토랑 같은 새끼 떠나보내고

천덕꾸러기처럼 이리저리 차이는
텅 빈 밤껍질
다람쥐조차 외면하는 빈 껍데기

여자의 삶
엄마의 삶
그 쓸쓸함

낙엽

모든 걸 내려놓고
잔디 위에 누워 하늘을 바라보는 너

'힘들었지?'
지나는 바람이 토닥토닥

'수고했어'
평소보다 늦은 햇살도 쓰담쓰담

새끼 키우는 엄마처럼 다 줘 버리고
덜컹거리는 빈 수레처럼
남은 거라곤 바스락 소리뿐인 너

'그래, 쉴 자격 충분하지'

무조건 손주 편인 할머니처럼
하얀 목화솜 같은 베개 내어 주며
파란 치마폭 펼치는 하늘

친구들의 위로에
날숨 몇 자락 온음표 길이로 뱉어 내면
커튼처럼 스르르 닫히는 쪽빛 하늘

35년 지기 우정

'눈 딱 감고 일어나
죽을 때까지 응원할게!'

예고 없이 찾아온 불청객으로
휘청이는 아픔들만 게워 내고 있을 때

횡격막에 손을 올리고
아무리 다독여도 조율이 안될 때

감정은 송곳처럼 날카롭고
기분은 꽁꽁 언 겨울처럼 스산할 때

우리 인생 모두가 가엾고 애처롭다며
버드나무처럼 축 늘어진 하소연만 해댈 때

35년 지기 우정이 말했지

'딱 감고 일어나
죽을 때까지 응원할게!'

감

요즘 너를 한 번씩 만나는 재미가 쏠쏠해
오늘 아침에도 너를 만났지
그런데 갑자기 해마가 40여 년 전으로 데려가는 거야
너의 뒷모습을 보는 순간 말이야

열 살 남짓 여자아이는
시원한 감나무 그늘 아래서
감꽃 목걸이를 만드느라
뜨거운 해가 꾸벅꾸벅 조는 줄도 몰라

기다란 장대 끝에 주머니를 매달아
홍시를 따고 있는 오빠를
콩닥거리는 기도로
목이 꺾어져라 올려다보고 있기도 해

한참을 그렇게
해마가 데려다 준 너른 마당에서
추억과 마주앉아 웃었어
창가에 몰려든 햇살들과

선물 2

며칠 지나면 쓰레기통으로 가잖아
돈을 버리는 거잖아
그런 데다가 왜 돈을 써

틀린 말은 아니야

그래도 나는 꽃이 좋아
꽃다발을 받고 싶어
한 송이라도 좋아
꽃을 받고 싶어

나에게 줄 선물이잖아

선물 3

100m를 달려온 것처럼
가빠지는 호흡

향기에 취한 벌처럼
휘청이는 심장

꽃이 된 것처럼
활짝 핀 미소

일렁이는 파도처럼
흔들리는 감정

나를 위한 선물
장미 한 다발

내가 꿈꾸는 도서관

가로로 길게 창을 내자
너른 창을

햇살과 나무들도
책꽂이에 꽂힌 책들과
책장을 넘기는 나를 볼 수 있도록

내 곁으로 슬며시 다가와
훔쳐볼 수 있도록

볕 좋은 날에는
너른 창이 다리가 되어
햇살과 나무들이 자유로이 출입할 수 있도록

그렇게 가로로 길게 창을 내자
너른 창을 내자

내 방

결혼을 할 때 아주 예쁘게 꾸몄지
우리의 방을
최고의 정원사처럼

그러다가 아기가 태어나고
우리의 방은 사라졌지

세월이 흐르고 보니
따뜻한 방, 예쁜 방, 넓은 방은
모두 남편과 아이 차지

나를 위한 방은
주방, 세탁실, 그리고 욕실

너무 스산한 거야
열매를 위해 다 빼 주고
수분이라곤 남아 있지 않은
겨울나무처럼

다 잘려 나가고 밑동만 남은
아낌없이 주는 나무처럼

안 되겠다 싶어
아이와 남편의 방을 줄였어

그리고 꾸몄지
볕 잘 드는 자리에
가장 넓게, 가장 예쁘게
최고의 인테리어 디자이너처럼

이제 여기가 내 방이야

이웃사촌

긴 외출에서 돌아오니
현관 앞에 놓인 김치통

얼마나 기다렸을까
차가운 바닥에 앉아서

얼마나 추웠을까
쌩쌩 바람 소리 들으며

얼마나 야속했을까
겨울처럼 얼어붙은 문 앞에서

김장 김치통은
손 시린 영하인데

장작으로 데운 온돌방처럼
훈훈한 이웃

친정엄마 다녀가신 것처럼
뜨거워지는 콧등

긍정

비가 내리면 어쩌나
비가 내리지 않으면 어쩌나

눈이 내리면 어쩌나
눈이 내리지 않으면 어쩌나

더우면 어쩌나
추우면 어쩌나

이래도 걱정
저래도 걱정

이리 걱정할 바에
차라리 좋은 점을 생각하는 게 낫겠네

딱 한 가지뿐이더라도

추락

다들 가는 길
다들 오르는 길
무작정 따르는 걸음

친구들을 밟아가며
위로 위로
사정없는 걸음

'뭔가 새로운 것이 있을 거야'

거품 같은 부푼 기대
모래성 같은 희망

하지만 없었어
아무것도

좌절하는 순간
아래로 아래로
쉼표 없는 추락
내가 아닌 시간

파도

차르르 차르르
해변가에 이리저리
제멋대로인 돌들을
어루만지는 잔잔한 손길

아갈아갈 아갈아갈
보채는 아기처럼
징징거리는 돌들
파도의 손길을 거부하는 몸짓

하루 이틀 사흘 나흘
잠투정하는 새끼 달래는 어미처럼
하루도 거르지 않고
한결같이 어르는 잔잔한 손길

사각사각 사각사각
엄마 품에 안기듯
파도의 품에 노니는
동글동글 몽돌들의 몸짓

자유

잃어버렸어 나를
숨어 버렸지
나만의 굴속으로

그리고 나에게 물었지
아주 오랫동안

마침내 깨달았어
나의 잘못이었다는 것을

나를 가장 아프게 한 것이
바로 나였다는 것을

다시 물었지
내가 누구인지

무엇을 하고 싶은지
어디로 가고 싶은지

꿈틀거리기 시작했어
심장이

마침내 찾았지
세상을 훠얼~ 훠얼~
마음껏 날 수 있는 자유

내가 나인 시간

글감

따뜻한 방보다
바깥을 더 좋아하는 너
그런 너를 만나고 싶어 매일 나선다

길 위로
바다 곁으로
산속으로

너를 찾아
걷고 또 걷고
하염없이 바라보고
오르고 또 오른다

그곳에는 꿈틀꿈틀
활어처럼 싱싱하게
살아 움직이는 네가 있다

자연의 기운을 닮은 네가 있다

상처

숨기지 마라
부끄러워하지도 마라

살아 있다는 것
포기하지 않았다는 것
그만큼 치열하게 살았다는 것

상처는
성장이고 아름다움
너만이 가진 특별함

대화

어떤 이는
손가락 틈새로 빠져나가는
모래알 같은 말만 늘어놓고

어떤 이는
햇살 아래서 맥도 못 추는
가을 안개 같은 말만 늘어놓고

어떤 이는
축축하고 습한 곳에 사는
화려한 버섯 같은 말만 늘어놓는다

그리고 어떤 이는
내면으로 숨어 버린 진실을 거울로 비추는
고해성사 같은 말을 한다

소나무 1

태어난 그 자리
처음부터 쭈욱 그 자리
변함없이 그 자리

햇살이 온종일 놀다 가고
바람도 종종 찾아오고
비도 가끔 찾아와 며칠씩 머물고
백설白雪도 잠시 쉬었다 가고
달빛도 머무는 곳

가만히 있어도 찾아오는 이들
그들과 같은 까닭으로
나도 너를 찾는다

시간

기쁨이 순간이듯
눈물이 순간이듯
찰나처럼 짧은 시간

젊은 날 흐르듯
사랑이 흐르듯
강물처럼 흐르는 시간

아쉬워 하는 마음
붙잡고 싶은 마음
반성과 간절함 위로
다시 내뻗치는 거대한 물줄기

카이로스처럼 주어지는 시간

자연

대청마루처럼
평평한 곳에 태어난 나무

비포장도로처럼
울퉁불퉁한 곳에 태어난 나무

엄마 품처럼
햇살 가득한 곳에 태어난 나무

그믐달처럼
둥그스름 언덕에 태어난 나무

바닷가 조개처럼
움푹 들어간 계곡에 태어난 나무

나바론 하늘길처럼
깎아지른 절벽에 태어난 나무

태어난 곳은 달라도
모두가 소중한 나무

서로 어우러져 만든
아름다운 자연

정리

오만 가지 생각
오만 가지 감정
생각과 감정은 순서가 없다네

한두 가지도 아니고
오만 가지니까 당연히 그렇지

천년을 묵은 구미호처럼
순간순간 변화무쌍한 상상에
하루도 조용할 날 없는
생각과 감정들

그러지 말고
종이 위로 불러내 정리를 하자

주관적이 아니라 객관적으로
한걸음 물러나 바라보면서
스스로 자리를 찾을 수 있게

아들에게

그냥 보내지 마라
시간을

그냥 걷지 마라
오늘을

너의 시간이 무엇으로 채워지고 있는지
점검하면서 보내라

너의 걸음이 어디로 향하고 있는지
정확한 방향으로 걸어라

어제와 똑같은 시간이 아니라
10분이라도 더 뿌듯한
오늘을 채워라

어제와 똑같은 걸음이 아니라
한걸음 더 성장한
오늘을 걸어라

소나무 2

들판에 버려진 농한기 비닐처럼
작은 바람에도 소스라치게 놀라고
지나가는 바람에도 오두방정 떨어 대는
가난하기 짝이 없는 마음

제대로 묶지 못해 풀려 버린 운동화 끈처럼
두 갈림길에서 왔다 갔다
이리저리 흔들리는
줏대 없는 안타까운 마음

그 마음 붙들어 매어
팽팽하게 붙잡아 매어
너에게로 가는 길

매일 한걸음씩
너에게로 옮겨가는 일
그게 나의 삶

그런 날이 있다

그런 날이 있다

아무 일도 없는데
마음에 구멍이 숭숭 뚫리고

질서도 규칙도 없이 들이닥치는 고추바람에
마음의 단추가 투두둑 떨어지는

옷 수선 맡기듯
드라이 맡기듯
세탁소를 찾고 싶은
그런 날이 있다

청국장 냄새 밴 마음
새 옷처럼 기름에 빨아
옷걸이에 걸고 말리듯
뭔가 바꾸고 싶은

마음을 수선하고픈
기분을 드라이하고픈
그런 날이 있다

인생 4

살다 보면 아무것도 아닌 게 된다

미움도
원망도
서러움도
분노도
그리고 죽을 것 같은 사랑도

그저 흐르는 물처럼
그저 흐르는 시간처럼
아무것도 아닌 게 된다

허허허 웃게 된다

인생 5

내 인생도 마이너스인데
똑같은 마이너스 인생 만나면
진짜 힘들어진다고
밑바닥까지 내려간다고

그런 사랑은 족쇄라며
현실의 벽 앞에서 무너지지
통증이 출렁이는 소주잔을 붙잡고
가슴팍을 치지

어쩔 수 없다며
부딪쳐 보지도 않고
쉽게 말하고
쉽게 포기해 버리지

그런데 말이야
마이너스와 마이너스가 만나면
곱해져서 플러스가 돼

내 인생이니까

어디로 가든
어떤 방법으로 가든
내가 정하고 싶어

휘몰아치는 폭풍 속에 서 있어도
가야 할 방향
가야 할 길은
내가 정하고 싶어

휩쓸려 가고 싶지는 않아
내 인생이니까

감정

사람들의 마음에는
여러 가지 색깔이 있어요
우리가 살아가는 세상에도요

검고, 희고, 푸르고, 붉고, 누르고…
백 가지가 넘어요

그런데 엄마가
딱 한두 가지만 알려 주면
그게 전부인 줄 알아요

친구들이 세상을 알록달록 색칠할 때
우두커니 바라만 보게 돼요
그림을 그릴 수가 없어요

처음 보는 색깔들 앞에
두려움과 불안감만 가득해서
숨어 버리고만 싶어져요

뒷걸음질치게 돼요

그리운 아버지

그대를 떠올리면
콧등이 시큰해지고
가슴부터 아려옵니다

너무 보고 싶어
닭똥 같은 눈물도 뚝뚝 떨어지고요

언제쯤 이 눈물이 사라질까요
그럴 일은 없겠지요
그저 받기만 했으니까요

그래서 저도 주려 합니다
이제껏 흉내만 내었던 그 사랑
그대가 가르쳐 준 진짜 사랑
그 사랑을 제대로 하려 합니다

자식에게
평생 버팀목이 되는 사랑
힘들 때
에너지를 주는 사랑

매일매일
바르게 사는 모습을 보여 주고 싶은 사랑

사랑합니다
감사합니다
그대는 제 인생 가장 큰 축복입니다

후회 2

삶의 무게를
너무 일찍 알아 버린 사람들은
늘 머뭇거린다
망설이게 된다
고인 물 안에서

그러다 놓쳐 버린다

진짜 자기
진짜 사랑
진짜 삶

그리고 후회한다

심리적 거리

너무 가까워도
너무 멀어도
안 되는 거리
사람과 사람의 거리

부부 사이에도
부모 자식 간에도
형제자매 사이도
함께 일하는 동료들 간에도

적당한 거리 유지
심리적 거리는 필수

혼자 아프지 않기 위해
서로 다치지 않기 위해

변화 1

어려움에 부닥치는 날들이 많을수록
변하고 싶었다

가슴에 앉은 설움덩이가 무거워질수록
변하고 싶었다

어제와 다른 삶을 살려면 어떻게 해야 합니까

고전에게 묻고
새벽 기도로 묻고
산을 오르며 물었다
그리고 심리학에게 물었다
눈물로 물었다

조금씩 열렸고
조금씩 보였다
길이

그 길로 묵묵히 걷는다
남은 삶
흠 없이 살고 싶은 간절함으로

변화 2

겉모습만 바꾸는 삶이 아니라
마음의 근본을 바꾸고 싶었다
본성을 바꾸고 싶었다

비바람에는 여미고
태양 앞에 벗어던지는 옷이 아니라
철로 된 습관의 갑옷을 입고 싶었다

나를 넘어서려면 어떻게 해야 합니까

'진실로 새롭게
날마다 새롭게
또 새롭게'

대학大學이 던지는 해답에
심장이 울부짖었다
감각기관 모두가 울부짖었다

다짐

바다를 보며 다짐했었다

가슴 밭에 잡초처럼 무성히 자란
미움, 분노, 원망, 설움
모두를 뽑아 버리자고
바닷물에 던져 버리자고
모진 마음으로 입술을 깨물었었다

칼날 같은 바람이 흔들어 댈수록
더 모질게 마음먹었었다

그때는 그런 모진 마음이
내가 할 수 있는 유일한 방법이었다

오늘도 바다를 보며
삐죽삐죽 고개를 내미는
감정들을 뽑아 버리자고
바닷물에 던져 버리자고 다짐했다

모진 마음이 아니라
잘랑잘랑 바위를 어루만지는
바다 같은 마음으로

미숙 未熟

마음을 줘선 안 되는 사람에게
마음을 줘 버린 것

하지 말아야 할
말을 해 버린 것

가지 말아야 할 곳으로
걸어가 버린 것

딱 한 번이면 족할
인생의 실수 失手

누구나 겪는
인생의 미숙 未熟

편향

사람들은 모두 가지고 있지
하나쯤은
자신만의 동굴을

본성으로 만들어진 독특한 동굴
듣기만 한 지식으로 채워진 동굴
봐 온 것이 전부라는 착각의 동굴

그렇게 동굴에 갇혀
빛도 들어오지 않는 어둠에 갇혀
나무 한 그루를 키우지
뿌리도 없고 잎도 없는

그리고 새기지
아래로도 위로도 뻗지 못할
곧 쓰러질 그 나무에

'내가 옳아!'

고 요

안은
엘가의 선율처럼 보드라운 음악

밖은
터전을 잃은 메뚜기 떼처럼 달려드는 눈보라

투명한 유리를 사이에 두고
극과 극인 풍경

미쳐 날뛰는 황소 같은 파도를 만나도
평정심을 잃지 않는 유리창 안의 고요

아! 가지고 싶은 유리창

연결

먼저 다가가는 것
달팽이처럼 느린 걸음으로
네가 내게로 올 때

두 손을 내밀어 주는 것
꽃잎처럼 휘청거리며
네가 털썩 주저앉을 때

가만히 들어 주는 것
자물쇠처럼 침묵하던 네가
꽁꽁 싸맨 보따리 풀어헤칠 때

먼저 다가가
두 손을 내밀 어주고
가만히 들어 주는 일

같이
함께 살아가는 일
연결

필사

꾹꾹 눌러 쓴다
하얀 종이 위에

한 자 한 자
반듯하게

날마다
쓰고 또 쓴다

책 속의 지혜를 갖고 싶어서
닮고 싶어서

긴가민가 속는 셈치고
없다 여긴 시간이 쌓여

어느 날 돌아보니
하얀 종이가 아니라

시나브로
뇌에 새겨진 글들

행동으로
옮겨지고 있는 글들

공부

묻고 또 묻는 것
배우고 또 배우는 것

끊임없이

사람답게 살고자
묻고 배우는 길을 가는 것

평생

바람 3

바람이 찾아오면
기꺼이 맞이한다

두 팔로
온몸으로

그러나
살지는 않는다

바람처럼

내 꿈

매일 끌어당긴다
간절한 내 꿈을

매일 글쓰기 그릇에 담는다
고매한 내 꿈을

생각으로만
간직하지 않기 위해

상상으로만
그치지 않기 위해

매일 불러낸다
종이 위에 펜으로

더 선명하게
더 명확하게

가까이 오라
내 꿈이여!

시간 예찬

누구에게나 24시간
공평하다

무소의 뿔 같은
권력을 가진 사람에게도

그물에 걸리지 않는 바람 같은
재물을 가진 사람에게도

불평등한 세상에
너만큼 공평한 이가 또 있을까

그러나 차이를 만들어 버린다
너를 대하는 태도에 따라

그것이 네가 가진
유일한 불평등이다

논쟁

너와 내가
나란히 걷는 것
평행선을

서로 다른 의견으로
서로 다른 감정으로

그러나
함께 갈 수 있는 것
같은 방향으로

그리고
함께 볼 수 있는 것
같은 곳을

자연

바깥공기에 몸을 던지고
길을 따라 걷는다
화가 목구멍까지 차오르는 날일수록

불편한 기분을 펜에 얹고
아름다운 시어로 글밭을 가꾼다
먼지까지도 무거워 보이는 날에는

음악에 두 눈을 맡겨 버리고
잔잔한 강물을 떠올린다
내가 낯설어지는 힘든 날일수록

오염된 언어에 밀려
아름다운 시어가 길을 잃지 않도록
힘을 뺀다 자연처럼

인생 6

날마다
밥상을 차리셨던 우리 엄마

예쁜 접시에 담아 정갈하게 차려 내면
한바탕 대가족 수저들의 전쟁이 일어났었지

그렇게 엄마의 정성은 온데간데없고
반찬들은 패잔병처럼 너부러져 있었지

언짢은 기색 하나 없이 다음 식사를 위해
말끔하게 정리하시던 우리 엄마

새삼 인생이 밥상처럼 다가온다
우리 엄마가 날마다 차리고 치우기를 반복하셨던

산이 주는 지혜 2

인생은 메아리

산꼭대기에 올라 내지르는 소리가
다시 내게로 돌아오는 것처럼
사소한 것이 결정타를 날린다

내게서 나간 소리가 다시 내게로 오는 이유는
남의 소리가 아니라
내 소리에 귀를 열라는 뜻이다

산 아래서는 결코 들을 수 없는
진짜 나
내면의 소리

산이 주는 지혜다

설움

멍하니 바라본다.

강물 위
금모래 뿌려 놓은 것처럼
흔들리는 불빛들을

두 눈 가득 고인
설움도
덩달아 흔들린다.

괜찮아
곧 지나갈 거야
이까짓 것

강한 척
혼잣말로
입술을 깨물지만

후두둑
끝내
소나기처럼 쏟아지는
설움의 파편들

벚꽃 1

드디어 너의 계절이구나
참으로 곱다

사나운 겨울바람
매서운 눈보라

짓궂은 비
다 받아 내며

흔들리면 흔들리는 대로
휘어지면 휘어지는 대로
꺾이지 않더니

드디어 너의 계절이구나
참으로 장하다

진달래

어제만 해도 잔뜩 웅크려 있더니
바람이 뭐라 했길래
다들 얼굴을 내밀고
햇살이 뭐라 했길래
다들 마음을 활짝 풀어헤쳤을까?

다만, 뿌리째 흔들리지는 마라

흔들려라 괜찮다
많이 흔들릴수록
너는 더 단단해지고
너의 내면은 무쇠처럼 강해질 테니

강물도
소용돌이치는 날이 있다
자신을 원망하는 날이 있다
그렇게 흘러 거대한 강이 된다

산도
울음을 토해 내는 날이 있다
가슴 무너지는 날이 있다
그렇게 토해 내고 웅장한 산이 된다

울어라 괜찮다
숯덩이처럼 설움이 커질수록
너의 길은 더 명확해지고
너의 앞날은 불꽃처럼 타오를 테니

다만,
뿌리째 흔들리지는 마라

향기

종종
유치원 꼬맹이 아들이 풀꽃을 내밀었었다.
"엄마를 위한 선물이야!"

아주 가끔
초등 아들이 전화로 물어 왔었다.
"엄마, 어떤 꽃 사줄까? 꽃을 보면 엄마 생각이 나!"

요즘
사춘기가 된 아들이 전화로 물어 온다.
"엄마, 어떤 꽃 사줄까? 꽃 아저씨 오셨어."

10여 년 가까이
꽃향기가 집 안에 가득
너의 향기는 내 안에 가득

벚꽃 2

긴 장마와
으스스한 서리를 온몸으로 맞고
그것도 부족하여
서슬 퍼런 바람까지 맞았다.

그렇게 수개월을 버텨
찬란한 빛을 맞이했건만
일주일 남짓이었구나
세상을 환히 비추는 데
필요한 역할은

허무함도 크고
아쉬움도 크다만
세상 어디 영원한 것이 있더냐

있어야 할 자리에서
해야 할 일을 꿋꿋이 해냈기에
후회 없이
미련 없이 떠나는
뒷모습마저
이리 아름다운 것을!

민들레 홀씨처럼

밟히면 어떠랴
앉은뱅이면 어떠랴
구석진 곳이면 어떠랴
백발이면 어떠랴!

단 한 사람에게라도
희망이면 족한 것을!

훨훨 날아라
너의 세상을!

초감정

화이트로 쓱 칠하면 지워질까
종이처럼 찢으면 사라질까
몰아내려 하면 할수록
이상한 방식으로 더 날뛰어 통제가 안 돼

까맣게 잊었다 생각했었는데
어떤 날은 아주 작은 점 하나로 발화되어
눈앞에서 활활 타오르고
참 제멋대로야

올가미에 걸리듯
너의 감옥에 꼼짝없이 갇혀
CD플레이어처럼 반복되는 시간
부정적인 기억들

파도

무슨 사연을 그리 쌓아 두었길래
하얀 서러움을 저리 뱉어 낼까!

무슨 아픔을 그리 눌러 담았길래
몸이 자지러져라 저리 울어 댈까!

파도 곁에 앉아 그냥 느껴 본다
파도 곁에 앉아 그냥 들어 본다

할미꽃

뒷동산 양지바른 자리
고개 숙인 할미꽃

늙은 것도 서러워
짐이 되는 것도 서러워

홀로 먼 길 떠나
산 넘어 고개 넘어

굽이굽이 가시 돋고
걷다 걷다 지쳐 쓰러진 곳

뒷동산 양지바른 자리
고개 숙인 할미꽃

죽어서도 서러운 이름
등 굽은 할미꽃

바위

아프면 아프다
힘들면 힘들다
서운하면 서운타
할 말 다 하고 싶었다

그리 못해 답답했고
혼자 울었고
속이 문드러져
숯검댕이가 되었다

홀로 가슴 치며
벙어리처럼 살아온 세월
울다 지쳐 바위가 되었을까

무디고 무뎌
바위가 되었을까?

다 용서할 필요 없다

용서가 힘들다면
실컷 미워하고 원망해라

미움도 원망도 사람의 감정
저절로 생겨나는 걸 어찌 막을까

밀어내지 마라
아닌 척 하지마라
나쁜 것이 아니다
잘못된 것도 아니다

용서하려 애쓰지 마라
흐르는 물처럼 두어라

내키지 않는 용서의 길을
억지로 걷지 마라
다 용서할 필요 없다

차라리 실컷 미워하고 원망해라

친정엄마

'악착같이 살지 마라.'

'뭐든 너무 힘들면 하지 마라.'

딸을 사랑하는
친정엄마의 마음

엄마와 나의 거리
약 300000m

엄마의 사랑은
고속도로도 터널도 어찌하지 못하나 보다

'악착같이 살지 마라.'

'뭐든 너무 힘들면 하지 마라.'

전화기를 타고 오는
친정엄마의 애끓는 사랑

빚지지 말아야 할 말

고마워요
감사해요
사랑해요

본성을 깨우는 말
가장 큰 치유의 말

곁에 있을 때 하는 말
빚지지 말아야 할 말
지금 당장 해야 할 말

그 사랑이 떠나기 전에
그 사람이 떠나기 전에

공존

길을 가다 보면
돌부리에 걸려 넘어지기도 하고
산을 오르다 보면
나무뿌리에 걸려 넘어지기도 하듯

살다 보면
펼칠 우산도 없는데 소나기는 찾아오고
평온하게 해변을 걷는데 파도가 덮치기도 하지

인생이 그렇더라고
꼬이고 얽혀 넘어지고
이리 치이고 저리 치이고

이럴 때 다들 자책을 해
그러지 마
일어날 일이라서 생긴 것뿐이야

네 잘못이 아니야
네 탓도 아니야
한 사람의 잘못으로
얽히고설키지 않아

누구의 잘못도 아니야
인생이 원래 갈등의 넝쿨이라서 그래
갈등이 바로 공존이라서 그래

나는 어떤 사람일까?

나는 어떤 사람이지?

오늘 아침
문득 묻고 싶어졌다 너에게

너는 그러겠지
괜찮은 사람이고
단단한 사람이라고

그러면 나는 다시 묻겠지
괜찮다는 것은 뭐고
단단하다는 것은 또 뭐냐고

어쩌면 너는
잠시 머뭇거리다 말하겠지
좋은 사람이야
정말 좋은 사람

그래, 뭐 나도 그랬어
그런 줄 알고 살아왔지
그런데 오늘 이 아침
잠시 멈칫거렸다

나는 어떤 사람일까?

알아차림

프라이팬 코팅 벗겨지는 것만
신경이 쓰였고

내 마음
내 감정
내 행동의 코팅이 벗겨지는 것은
정작 신경도 못 쓰고 살았지

시詩를 쓰는 일

마음이 말하는 대로
감정이 쏟아내는 대로
행동이 했던 부끄러움까지
받아쓰기하는 일

나를 보듬는 일
나를 격려하는 일
나를 치유하는 일

시詩를 쓰는 일

에필로그

...

지천명 이후 저를 들여다보기 시작했을 때, 어린 수아와 성인이 된 수아, 그리고 엄마로서의 수아 등 여러 모습의 저를 만났습니다.

심한 독감에 걸려 앓아 누운 수아, 빗자루를 휘두르며 잠자리를 쫓아 다니는 수아, 아빠를 따라 산으로 뛰어다니며 토끼사냥을 하는 수아, 수학 시험지를 들고 한숨만 쉬는 수아, 시집과 햇살, 그리고 낙엽과 함께 사색을 즐기는 수아, 사랑에 빠져 겉모습만 치장하느라 정신없는 수아, 새끼를 행동이 아닌 잔소리로만 키우려 드는 수아 등 셀 수 없이 많았습니다.

마음이 말하는 대로, 감정이 쏟아 내는 대로, 또 행동이 했던 부끄러움까지 받아쓰기하듯 모아 출간한 저의 글은 이번이 두 번째이고, 첫 번째 시집에는 저의 어린 시절을 많이 담았습니다. 그리고 이번 시집 역시 저의 어린 시절 몇 조각이 담겨져 있습니다.

저는 시인입니다. 정확히 말하면 시 치료사입니다. 세상에 단 한 사람, 저를 위한 시 치료사입니다. 그러므로 저의 시는 모두 제가 저에게 하는 치유의 언어이자 따뜻한 공감의 말입니다. 친정엄마에게서 듣고 싶었지만 듣지 못했던 말일 수도 있고, 처음으로 사랑이라는 감정을 느끼게 해 준 남편에게 듣고 싶었던 말일 수도 있습니다. 또 존경하는 부모님, 특히 먼 곳으로 먼저 가신 사랑하는 아버지께 못 해 드린 말일 수도 있습니다.

어떤 모습이든 모두 오수아이고, 저의 소중한 추억입니다. 그러한 추억을 글로 남기는 일은, 11월의 안개가 걷히는 새벽 자연 송이를 발견하고 자루에 담는 것과 같은 묘한 흥분이 이는 시간이었습니다.

이런 흥분된 시간의 자루를 혼자서만 채우고 싶지 않았습니다.

'누구와 채울까? 어떤 이와 공유할까?'

나를 잘 아는 사람, 나를 잘 보듬어 주는 사람, 나의 오랜 벗, 그리고 내가 존경하는 분이면 좋겠다는 욕심이 생겼습니다. 그래서 부탁을 드렸는데 흔쾌히 승낙하며 귀한 시간을 내어 주었습니다. 응원과 격려의 귀한 마음을 내어 주었습니다.

모두 제가 닮고 싶고 존경하는 분들입니다.

박사 과정 지도교수인 이재연 교수님은 한마디로 표현하기가 참 어렵습니다. 저를 낳고 키워 주신 부모님 다음으로 존경하는 분이기 때문입니다. 교수님의 제자가 된 이후 제 인생은 180도로 달라졌습니다. 제게는 살아 계신 예수님이자 심리학계의 아인슈타인입니다. 그만큼 존경하고 또 존경하는 분입니다.

"남아 있는 날 중에서 나를 변화시킬 수 있는 가장 빠른 날은 오늘이다!"

언제인지는 모르겠습니다. 강의 중 강하게 던지신 이 한 문장이 저의 대뇌 피질을 뚫고 들어왔고, 그날 이후 저의 일상에 변화가 일기 시작했던 것 같습니다.

저는 어릴 때부터 시를 좋아했습니다. 특히 고교 시절에는 지금 학생들이 끼고 있는 스마트폰 같은 존재가 시집이었습니다. 그렇게 성인이 되고, 엄마가 된 어느 날 시 한 편을 만났습니다.

거꾸로 매달려 키우는 저것이
꿈이건 사랑이건

한 번은 땅에
닿아보겠다는 뜨거운 몸짓인데

물도 뜻을 품으면
날이 선다는 것

때로는 추락이
비상이라는 것

누군가의 땅이
누군가에게는 하늘이라는 것

- 양광모, 「고드름」 일부

위 시를 접했을 때 저의 가슴은 뜨거운 용광로가 따로 없었습니다.

뇌는 하얘졌지요. 그때부터 지금까지 양광모 시인의 글을 흠모하고 있습니다.

중졸, 10대 노숙자 생활, 검정고시로 고등학교와 대학 졸업. 전액 장학금으로 석박사 졸업. 그리고 지금은 N잡러 워킹맘, 작가 겸 연구자이고 영감을 일깨우는 강사이자 대학 강단에 서는 교수.

약력만 봐도 그녀의 포스가 훅 치고 들어옵니다. 최영임 교수는 남편의 직업상 1년마다 이사를 할 때, 저의 외로움을 함께했던 학교에서 만났습니다. 한국방송통신대학교, 영어영문학과에서 학생과 시간 강사로 만났지요. 그녀의 파란만장한 인생은 제게 희망과 기적을 보여주었습니다.

최진희 그림책휴 센터장은 2009년에 만난 약 14년 지기 그림책 동행자입니다. 제가 아는 한 전국에서 그림책 수업을 가장 맛깔스럽게 해내는 강사가 아닐까 싶습니다. 그림책을 대하는 그녀의 모습은 맑은 눈을 가진 어린아이이며, 바다 깊숙이 점점 내려앉는 소금인형을 연상케 합니다. 그만큼 그림책을 사랑하는 사람이고 잘 아는 전문가입니다.

이상분 청소년쉼터 센터장은 약 35년 지기 베프이자 친정엄마 같은 존재입니다. 무슨 일이 있든 언제나 저의 안전을 먼저 걱정하고 저의 마음을 먼저 다독입니다. 잘했다, 잘못했다를 따지지 않습니다. 부처님처럼 온화하고 하나님처럼 평화로운 친구, 때로는 야생화를 떠올리게 하는 무조건 제 편인 친구입니다.

마지막으로 여러 권의 책을 냈고, 노숙자들이 거주하는 안나의 집 봉사로 바쁜 나날을 보내는 김영돈 작가는 한국강사 진흥원에서 연구원으로 만났습니다. 그는 어쩌면 그렇게 맑은 영혼의 소유자인지, 그의 글과 언행에서 그 맑음이 꽃처럼 피어납니다. 책과 시 낭송하기를 참 좋아하는, 낭만적이면서 고급진 와인 같은 사람이기도 합니다. 오래오래 강사와 작가의 길을 함께 걷고 싶은 벗입니다.

이분들로 인해 저의 삶은 5월의 햇살 아래 반짝거리는 강물처럼 윤기가 났음을 이제야 터놓습니다. 많이 외롭고 아픈 저의 삶에 누구보다 건강한 자극을 주는 분들이고, 축축하고 으슬으슬 한기가 도는 음지에서 따뜻한 햇살이 보듬는 양지로 이끌어 주는 분들입니다. 지금까지 저의 삶은 이분들로 인해 찬란했고, 앞으로도 그럴 것입니다.

마지막으로 '글자'에게 무한한 사랑과 신뢰를 보냅니다. 글자로 인해 저의 삶이 달라졌다고 해도 과언이 아니기에 누구보다 글자를 사랑하고 신뢰합니다. 그러기에 오늘도 글자 곁에서 고맙다며, 감사하다고 저의 삶을 꾹꾹 눌러 담습니다. 글자에게 고백하고 마음을 엽니다.

2023년 2월,
배곧신도시에서 오수아